Inhalt

Besonderheiten in der Führung von Non-Profit-Organisationen (NPOs)

Kernthesen

Beitrag

Fallbeispiele

Weiterführende Literatur

Impressum

Besonderheiten in der Führung von Non-Profit-Organisationen (NPOs)

M.Sydow

Kernthesen

- Visionen, Strategien und Ziele von NPOs weichen stark von denen erwerbswirtschaftlicher Unternehmen ab. (1)
- Gerade strategische Zielsetzungen sind bei NPOs wichtig, da sonst die vorhandenen Ressourcen möglicherweise im Gießkannenprinzip verteilt werden. (1), (2)
- Für NPOs kann der Einsatz betriebswirtschaftlicher Ansätze für eine

Umstrukturierung zu einem modernen Sozialunternehmen hilfreich sein. (11)
- Ein erfolgversprechender Ansatz zur Kontrolle der Tätigkeit von NPOs ist die Balance Score Card. (1), (2)

Beitrag

Non-Profit-Organisationen decken ein weites Spektrum an Organisationen ab. Diese reichen von Interessenvertretungen, gemeinnützigen Einrichtungen bis hin zu verschiedenen Arten von Vereinen. Sie füllen damit den Bereich zwischen Staat und Markt aus und können daher als zivilgesellschaftliche Infrastruktur moderner Gesellschaften verstanden werden. (1), (3), (4)

NPOs entstehen, wenn weder Markt noch Staat ein von der Gesellschaft nachgefragtes Bedürfnis befriedigen können. Die als Intermediär zu verstehende Organisation bestimmt ihren Auftrag selbst oder bekommt ihn vom Staat übertragen.

Nachfolgend werden zunächst Besonderheiten von NPOs aufgezeigt und anschließend betriebswirtschaftliche Vorgehensweisen für die Führung von NPOs vorgestellt.

Besondere Merkmale von NPOs

1. Gewinne
Die erzielten Gewinne einer NPO werden nicht an die Organisationsträger ausgeschüttet. (1), (6)

2. Ehrenamtlichkeit
NPOs sind in hohem Maße vom freiwilligen Einsatz jedes Mitgliedes einer Gesellschaft abhängig. Die meisten NPOs können Mitarbeiter nur unentgeltlich beschäftigen. Außerdem sind NPOs auf Förderer und Spender angewiesen. (3), (7)

3. Veränderungsdruck
NPOs sind dem gleichen Wettbewerb ausgesetzt wie erwerbswirtschaftliche Unternehmen. Zunehmende Defizite engen den Handlungsspielraum von NPOs erheblich ein. Daher müssen NPOs rechtzeitig reagieren, um ihre Handlungsfähigkeit erhalten zu können. Darüber hinaus wird auch von der öffentlichen Meinung erwartet, dass Reformen eingeleitet werden. (1)

4. Zielsysteme
Erwerbswirtschaftliche Unternehmen agieren unter der Zielvorgabe der Gewinnmaximierung. NPOs haben dagegen ein viel differenzierteres Zielsystem.

Das Prinzip der Wirtschaftlichkeit ist daher eine Bedingung, die nicht zwingend als vorrangig angesehen wird. (6)

5. Kundenbeziehungen

NPOs haben nicht im klassischen Sinne einen Kundenstamm. Leistungsempfänger differieren häufig von Leistungserbringern. Hinzu kommt, dass NPOs oft öffentliche Güter herstellen und dies die Kundenbeziehung komplexer macht. (6)

6. Organisationskapital

Im Gegensatz zu erwerbswirtschaftlichen Unternehmen verfügen NPOs nicht im herkömmlichen Sinne über Eigenkapital. Das Pendant hierfür stellt das Organisationskapital dar. Hierunter versteht man Mittel, die ohne Verfügungseinschränkung durch Dritte einer Organisation zur Verfügung stehen. Diese haben somit keinen bestimmten Verwendungszweck.

Das Organisationskapital wird den Trägern einer Organisation zur Erfüllung der satzungsgemäßen Sachziele und der Zielvorgaben ihrer NPO zur Verfügung gestellt. Dabei ist grundsätzlich zu erwähnen, dass NPOs keine Überschüsse erzielen dürfen, da dies mit einer Leistungsminderung gegenüber ihren Leistungsempfängern gleichzusetzen ist. Organisationskapital wird daher nur als

Puffergröße zur Absicherung für etwaige Risiken verwendet. Hierunter werden beispielsweise Schwankungen in den Spendeneinnahmen verstanden. Zudem wird Organisationskapital für größere Investitionen herangezogen. (6)

Betriebswirtschaftliche Vorgehensweisen für die Leitung von NPOs

Betriebswirtschaftliche Methoden lassen sich für NPOs modifizieren. Hierfür können sowohl Führungs- als auch entsprechende Controllinginstrumente zur Konkretisierung der entwickelten Prozesse herangezogen werden.

Planungs- und Führungsprozess

1. Vision
Die Vorstellungen und Zielsetzungen einer NPO lassen sich in Form einer strategischen Vision am besten vermitteln. Diese Vision sollte die Vorstellung über die langfristige Positionierung der NPO beinhalten. Schließlich besitzt diese einen hohen

Erinnerungswert sowohl für das Zielpublikum als auch für die Gesellschaft oder die Behörden. (2)

2. Leitbild
Im Unterschied zur Vision wird im Leitbild ein mittelfristiger Planungshorizont dargestellt. Dabei wird die Vision konkretisiert und auf ihre Durchführbarkeit überprüft. Hierbei kann in der praktischen Umsetzung die SWOT-Analyse herangezogen werden. Dazu werden Stärken und Schwächen sowie Chancen und Risiken innerhalb und außerhalb der NPO detailliert beleuchtet. Wichtig ist, dass bei der Formulierung des Leitbildes die Akteure der NPO noch keine konkreten Maßnahmen ausarbeiten. (2)

3. Mehrjahresprogramm
Im Mehrjahresprogramm werden die mittelfristigen Leitbilder in kurzfristige Zielsetzungen, Prioritäten, Zuständigkeiten und Verantwortlichkeiten umgesetzt. (2)

Controlling-System Balanced Scorecard auch für NPOs

NPOs arbeiten bei der Umsetzung ihrer Programmpunkte mit integrierten Finanz- und

Aufgabenplänen, das heißt einzelne Aufgaben werden mit entsprechenden Finanzgrößen verknüpft. Die hieraus ermittelbaren Ergebnisse können dann finanzseitig entsprechend beurteilt werden. Auch die Leistungserbringung wird so regelmäßig eruiert und anschließend der Öffentlichkeit vermittelt.

Für eine professionellere Beurteilung anhand vordefinierter Messgrößen eignet sich allerdings die Einführung einer Balance Score Card. Damit ist ein ausgewogener Berichtsbogen gemeint. Hierfür wird ein Gleichgewicht zwischen Kunden-, Mitarbeiter-, Prozess-, Finanz- und Lernperspektive hergestellt. Zwischen diesen Perspektiven existiert ein starker Ursache-Wirkungs-Zusammenhang.

Je Perspektive werden mehrere monetäre und nichtmonetäre Messgrößen ermittelt. Diese lassen sich in ein strategieorientiertes Kennzahlengerüst einbinden. Letzteres verwendet qualitative und quantitative Kennzahlen, für die anschließend Planwerte vergeben werden. Diese werden später den ermittelten Istwerten gegenübergestellt.

Auf Grundlage eines solchen Kennzahlengerüstes kann ein Controlling-System aufgebaut werden. Dabei soll das Controlling die zuvor gesetzten Ziele auf ihren Zielerreichungsgrad hin überprüfen können. Außerdem könnte so eine Rückkoppelung auf die

Vision, das Leitbild und das Mehrjahresprogramm vorgenommen und eventuell weiterentwickelt werden. (1), (2)

Fallbeispiele

Als NPO ist das Internationale Olympische Komitee (IOK) eines der größten Förderer des Sports. Die Ausrichtung der Olympische Spiele bringt alleine durch den Verkauf der TV-Rechte Milliardensummen ein. Weitere Einnahmen werden durch Sponsoring Verträge erzielt. Diese enormen finanziellen Erträge werden von der IOK zu 90 Prozent zur Förderung des Sports verwendet. (8)

Ashoka ist eine NPO, welche so genannte Social Entrepreneurs fördert. Diese Unternehmer zeichnen sich durch ihren langfristigen Einsatz für gesellschaftlichen Wandel und ihre sozial orientierte Unternehmerpersönlichkeit aus. Dabei soll vermittelt werden, dass erfolgsorientierte Unternehmer auch soziales Engagement zeigen können und sollen. (10)

Der Malteser Hilfsdienst hat in großem Maße eine Umstrukturierung der eigenen Organisation umgesetzt. Dabei sind neben Entlassungen und Modernisierungen auch grundlegende Veränderungen in der Organisation vorgenommen worden. Vor allem die rigorose Trennung zwischen dem Engagement von Freiwilligen und einem modernen Sozialunternehmen ist kennzeichnend für die durchgeführte Umstrukturierung. Außerdem wurden betriebswirtschaftliche Ansätze in die neu entstandene Malteser Hilfsdienst GmbH eingeführt. Ehrenamtliche können sich weiterhin in dem Malteser Hilfsdienst, einem eingetragenen Verein, engagieren. (11)

Weiterführende Literatur

(1) Bergmann, Michael, Balanced Scorecard in Non-Profit-Organisationen - Einsatzmöglichkeiten und Adaptionserfordernisse, Controlling, Heft 4-5/2004, S. 229
aus Wirtschaftspsychologie aktuell, Heft 2/2003, S. 20-25

(2) Zeitgemässe Planung und Führung in der öffentlichen Verwaltung und in Nonprofit-Organisationen
aus Der Schweizer Treuhänder, Heft 12/2003, S. 1093-1096

(3) Bumbacher, Urs, Problematik der

Zielgruppenorientierung bei Absatzleistungen von Nonprofit-Organisationen, DBW Die Betriebswirtschaft, Heft 04/03, S. 385
aus Der Schweizer Treuhänder, Heft 12/2003, S. 1093-1096

(4) Verkannte Potenziale - Soziale Beschäftigungsunternehmen und ihre arbeitsmarktpolitische Abwicklung
aus Sozialer Fortschritt, Heft 4/2004, S. 87 - 94

(5) Tscheulin, Dieter K. / Dietrich, Martin, Zur (Un-)Vereinbarkeit von Marketing und Kirche - Eine anbieterorientierte Analyse des kirchlichen Marketings, MARKETING Zeitschrift für Forschung und Praxis, Heft 3/2004, S. 229
aus Sozialer Fortschritt, Heft 4/2004, S. 87 - 94

(6) Wieviel «Eigenkapital» brauchen Nonprofit-Organisationen?
aus Der Schweizer Treuhänder, Heft 12/2003, S. 1083-1088

(7) Der "gute Ton" motiviert Ehrenämtler
SOZIOLOGIE
aus Bonner General-Anzeiger, 08.06.2004, S. 13

(8) Einfach verzweifacht Die neue Bescheidenheit Olympischer Spiele ist bezüglich der Einnahmen keine Tugend
aus Neue Zürcher Zeitung, 13.08.2004, Nr. 187, S. 60

(9) "Wer reich stirbt, stirbt in Schande"
aus Frankfurter Allgemeine Zeitung, 03.01.2004, Nr. 2, S. 11

(10) Wider den herzlosen Kapitalisten Weltweit fördert die Organisation Ashoka unternehmerisches Geschick, das sich innovativ und langfristig für soziales Engagement einsetzt
aus Frankfurter Rundschau v. 31.03.2004, S.30, Ausgabe: S Stadt

(11) Schwere Jahre für die AWO Wie andere Wohlfahrtsverbände muss sich die Organisation neuen Gegebenheiten auf dem Sozialsektor anpassen / Föderale Struktur steht in Frage
aus Frankfurter Rundschau v. 07.04.2004, S.30, Ausgabe: S Stadt

Impressum

Besonderheiten in der Führung von Non-Profit-Organisationen (NPOs)

Bibliografische Information der deutschen Nationalbibliothek

Die Deutsche Nationalbibliothek verzeichnet diese Publikation in der deutschen Nationalbibliografie; detaillierte bibliografische Daten sind im Internet über http://dnb.d-nb.de abrufbar.

ISBN: 978-3-7379-0165-9

© 2015 GBI-Genios Deutsche Wirtschaftsdatenbank GmbH, Freischützstraße 96, 81927 München, www.genios.de

Alle Rechte vorbehalten. Dieses Werk ist einschließlich aller seiner Teile – z.B. Texte, Tabellen und Grafiken - urheberrechtlich geschützt. Jede Verwertung außerhalb der Grenzen des Urheberrechtsgesetzes bedarf der vorherigen Zustimmung des Verlags. Dies gilt insbesondere auch für auszugsweise Nachdrucke, fotomechanische

Vervielfältigungen (Fotokopie/Mikroskopie), Übersetzungen, Auswertungen durch Datenbanken oder ähnliche Einrichtungen und die Einspeicherung und Verarbeitung in elektronischen Systemen.